Lecturas históricas norteamericanas
Reading American History

De la esclavitud a la libertad
From Slavery to Freedom

Escrito por Melinda Lilly/Written by Melinda Lilly
Ilustrado por Lori McElrath-Eslick/Illustrated by Lori McElrath-Eslick

Consultores educativos/Consulting editors
Kimberly Weiner, Ed.D.
Betty Carter, Ed.D.
Bill Garner, Los Angeles
Unified School District

Rourke
Publishing LLC

Vero Beach, Florida 32963

www.rourkepublishing.com

A Sarah Conterez, nuestra abuela.
Tu amor y paciencia ha ayudado a muchas personas a seguir el camino hacia la libertad.
To Sarah Conterez, our grandmother,
Your love and patience have helped many people down the path to freedom.
—L. M.-E.

Designer: Elizabeth J. Bender

Library of Congress Cataloging-in-Publication Data

Lilly, Melinda.
  [From slavery to freedom. Spanish/Bilingual]
  De la esclavitud a la libertad / Melinda Lilly.
     p. cm. -- (Lecturas históricas norteamericanas)
  ISBN 1-59515-639-9 (hardcover)
  1. Underground railroad--Juvenile literature. 2. Fugitive slaves--United States--Juvenile literature. I. Title. II. Series: Lilly, Melinda. Reading American history. Spanish.
E450.L5918 2006
973.7'115--dc22
                       2005023044

Ilustración de la cubierta: Harriet Tubman conduce a un esclavo fugitivo hacia la libertad.

Cover Illustration: Harriet Tubman leads an escaping slave to freedom.

Printed in the USA

Cronología
Time Line

Ayude a los estudiantes a seguir esta historia, presentándoles eventos importantes en la Cronología.
Help students follow this story by introducing important events in the Time Line.

1793 En Estados Unidos, es contrario a la ley tratar de impedir que los esclavos fugitivos sean capturados.
1793 In the U. S., it is against the law to try to stop runaway slaves from being captured.

1849 Harriet Tubman escapa de la esclavitud en Maryland.
1849 Harriet Tubman escapes from slavery in Maryland.

1861 Comienzo de la Guerra Civil
1861 Beginning of the Civil War

1863 El presidente Abraham Lincoln declara que los esclavos del Sur son libres.
1863 President Abraham Lincoln declares that slaves in the South are free.

1865 Fin de la Guerra Civil
1865 End of the Civil War

1865 La Enmienda 13 de la Constitución de Estados Unidos declara que la esclavitud es contraria a la ley.
1865 The 13th Amendment to the U.S. Constitution makes slavery against the law.

Antes de 1865, muchos **afroamericanos** eran esclavos.

Before 1865, many **African Americans** were slaves.

Esclavos recogiendo las cosechas
Slaves pick the crops.

Los esclavos querían ser libres.
Muchos huyeron.

The slaves wanted to be free.
Many ran away.

Un esclavo huye.
A slave runs away.

Algunas personas ayudaron a los esclavos a esconderse. A estas personas se les llamó el **Ferrocarril Clandestino.** El nombre quiere decir que éste era un modo secreto de conducir a los esclavos hacia la **libertad**.

Some people helped slaves hide. These people were called the **Underground Railroad**. The name explains that this was a secret way to lead slaves to **freedom**.

Escondiéndose en un carretón de heno
Hiding in a hay cart

Los esclavos **fugitivos** y las personas que los ayudaban tenían que ser valientes. Los cazadores de esclavos los perseguían.

Runaway slaves and the people who helped them had to be brave. Slave catchers hunted them.

Escondiéndose de un cazador de esclavos
Hiding from a slave catcher

La libertad estaba muy lejos. Las armas de los cazadores de esclavos estaban cerca.

Freedom was far away. The slave catcher's gun was close.

Un cazador de esclavos
A slave catcher

13

La gente del Ferrocarril Clandestino buscaba caminos seguros.

The people of the Underground Railroad looked for safe paths.

En un camino seguro
On a safe path

¡Al fin libres! El largo viaje había terminado. En esta tierra, todos los afroamericanos eran libres.

Free at last! The long trip was over. In this land, all African Americans were free.

Los esclavos fugitivos están a salvo.
The runaway slaves are safe.

18

Algunos regresaban a ayudar en el Ferrocarril Clandestino.

Some came back to help with the Underground Railroad.

Ayudando en el Ferrocarril Clandestino
Helping with the Underground Railroad

¡Harriet Tubman lo hizo!
Ayudó a más de 300 personas a ir de la
esclavitud a la libertad.

Harriet Tubman did!
She helped more than 300 people go
from **slavery** to freedom.

Harriet Tubman

Lista de palabras
Word List

afroamericanos — americanos de ascendencia africana
African Americans (AF rih ken uh MER ih kunz) — Americans of African descent

esclavitud — la condición de pertenecer y ser controlado por un amo
slavery (SLAY vuh ree) — The condition of being owned and controlled by a master

Ferrocarril Clandestino — manera de ayudar a los esclavos fugitivos a escapar a Canadá o a otras tierras donde pudieran ser libres
Underground Railroad (UN der ground RALE rode) — A way of helping runaway slaves escape to Canada or other lands where they could be free

fugitivo — persona que huye
runaway (RUN uh way) — A person who runs away

libertad — el poder de actuar como uno quiera
freedom (FREE dum) — The power to act as one chooses

Tubman, Harriet — Harriet Tubman era una antigua esclava que fue líder del Ferrocarril Clandestino
Tubman, Harriet (TUB mun, HAR ee et) — Harriet Tubman was a leader of the Underground Railroad and a former slave.

Libros recomendados
Books to Read

Gayle, Sharon Shavers. *Escape!* Soundprints Corp. Audio, 1999.

Isaacs, Sally Senzell. *Life on the Underground Railroad*.
Heinemann Library, 2001.

Kulling, Monica. Escape North!: *The Story of Harriet Tubman*.
Random House, 2000.

Lutz, Norma Jean. Harriet Tubman: *Leader of the Underground Railroad.* Chelsea House Publishing, 2001.

Páginas de internet
Websites to Visit

www.nationalgeographic.com/railroad/j1.html

www.ciaccess.com/~jdnewby/museum.htm

http://blackhistorypages.com/Slavery/

www.germantown.k12.il.us/html/RAILROAD.html

www.cr.nps.gov/aahistory/ugrr/ugrr.htm

Índice

Index